ツウが通いつめる
器楽亭の絶品おつまみ

浅倉鼓太郎

講談社

もくじ

◎ 計量の単位は大さじ1＝15㎖、小さじ1＝5㎖、カップ1＝200㎖、1合＝180㎖。

◎ 電子レンジは600Wのものを使っています。500Wの場合は時間を1.2倍にしてください。

ようこそ！　器楽亭へ 6

基本のだしのとり方
　だし 93
　八方だし（かけだし） 94
　かえし 95

がっつりおつまみ

ミラノ風かつおカツレツ 10	漬けまぐろユッケ風 23
かつおの塩たたき 12	さんまの蒲焼きう巻き風 24
さんまのなめろう 13	さば缶のマルゲリータ 25
から揚げ2種 しょうゆだれ＆塩だれ 14	うなぎとごぼうの柳川 26
から揚げの親子あんかけ 15	まぐろカツサンド 28
焼き鶏の梅しそ風味 16	肉豆腐 30
豚ばらのもつ鍋もどき 18	揚げ出し豆腐 31
鯛のあらの山椒焼き 19	里いもの含め煮揚げ 32
鮭・ド・カンパーニュ 20	ごぼうの竜田揚げ 32
あさりのエスニック酒蒸し 22	

さっぱりおつまみ

大根のお浸し 36	手作りチーズ豆腐 41/43
レタスと桜えびのお浸し 36	じゃがいものバター煮 41/43
しめじと三つ葉のお浸し 36	パプリカの和風ガスパチョ 44
じゃこピーマン 38	帆立て豆腐 45
イタリアン白あえ 39	にんじんプリン 46/48
トマトの塩昆布あえ 40/42	かぶら蒸し 46/48
焼き野菜の粉かつおかけ 40/42	冷製玉ねぎの茶碗蒸し 46/48
焼き枝豆 40/42	そら豆の茶碗蒸し 46/49
れんこんのきんぴら 41/43	えびしんじょう 47/49

あるとうれしい常備菜おつまみ

野菜ピクルス 52	肉みそ 60
たこのマリネ 53	田楽なす 61
手作り和風コンビーフ 54	のりのつくだ煮 62
コンビーフのリゾット風 55	のりのクロックムッシュ風 63
和風ザワークラウト 56	さばフレーク 64
ホットドッグ 57	さばちらし 65
角煮 58	煮あなご 66
角煮丼 59	あなごのひつまぶし風 67

あれば役立つたれ、ソース、ドレッシング

たれ
　ごまだれ 70
　梅だれ 70
ソース
　タルタルソース 71
　玉ねぎソース 71
ドレッシング
　かにみそドレッシング 71
　梅ドレッシング 71

ごまだれを使って
　ごまだれサラダ 72
　牛肉となすの利休あんかけ 73
梅だれを使って
　きゅうりの梅だれ 74
　梅だれにゅうめん 75
タルタルソースを使って
　鮭フライ 76
　帆立てのソテー 77
玉ねぎソースを使って
　ステーキ 78
　ポークジンジャー風 79
かにみそドレッシングを使って
　葉物サラダ 80
　蒸しじゃが 81
梅ドレッシングを使って
　大根サラダ 82
　白身魚のカルパッチョ 83

締めにはやっぱりご飯物

焼きおにぎり 85
卵かけご飯 86
深川リゾット風 87
納豆チャーハン 88
親子丼 89
土鍋ご飯＆赤だし 90

ようこそ！
器楽亭へ

カウンターに並ぶ日本酒は、どれも選び抜いたもので、酒蔵を訪ねたり味と造り手に納得したものだけ。

テーブル16席＋カウンター9席のこちんまりとした店内。カウンターで調理をしながらすべてのお客に目が届く。

器楽亭ののれんをくぐると……

バス通りにひっそりと佇む居酒屋「器楽亭」。
豪快に魚の模様が描かれたオレンジ色ののれんが目印です。
扉をあけると「いらっしゃいませ！」と、
大柄でちょっとしゃがれ声の店主・浅倉鼓太郎さんが笑顔で迎えてくれます。
今日も鼓太郎さんの作る料理を楽しみにやってくるお客で店は満席状態。

鼓太郎さんの料理を食べると"ほかと何かが違う！"
"この奥深い味はどこから？"と、
いろんな思いが飛び交い、
その驚きと感動で瞬く間に料理のとりこになります。
和食の基本になる「だし」「八方だし」「かえし」を巧みに使い分け、
素材本来の味を最大限に生かしつつ、
オリジナリティにあふれた調理法で作り上げるのが鼓太郎流。

そんな鼓太郎さんに特別な素材ではなく、
どこでも手軽に手に入る素材で、
だれでも失敗なく作れるおいしいおつまみをご紹介していただきました。
もちろん「器楽亭」のものとは違いますが、
鼓太郎流の味が存分に楽しめるように随所に工夫を凝らしています。
おつまみだけでなく、
ご飯やお弁当のおかずにも大活躍するはず。
ぜひ、ご家庭でその味を楽しんでください。

がっつりおつまみ

鼓太郎イチオシのレシピが勢ぞろいです。肉や魚が主役のものを中心に、ボリューム満点のおつまみばかり。家庭でできるように工夫をしているので、だれでも手軽に作れます。もちろん「だし」「八方だし」「かえし」が大活躍。作り方のポイントをしっかり押さえて、とびっきりおいしいおつまみを堪能してください。

香味野菜たっぷりのソースがかつおのおいしさをぐぐっと後押し

ミラノ風かつおカツレツ

材料　2人分

かつお（刺身用さく・背身）… 250g
　塩、こしょう … 各少々
薄力粉、溶き卵 … 各適量
A｜パン粉（細かいもの）… 20g
　｜粉チーズ … 5g
オリーブ油 … 70ml
B｜トマトの角切り … 1個分
　｜ルッコラの粗みじん切り … 30g
　｜にんにくの粗みじん切り … 10g
　｜青じその粗みじん切り … 5枚分
　｜かえし（P95参照）… 大さじ1 1/3
　｜レモン汁 … 小さじ1/4
　｜オリーブ油 … 大さじ5
　｜塩 … 小さじ1/4
　｜バルサミコ酢 … 小さじ2
　｜粗びき黒こしょう … 適量
レモンのくし形切り … 2切れ

作り方

1. かつおに塩、こしょうをしてラップで包み、冷蔵庫に30分〜1時間入れてなじませる。冷蔵庫から出してラップをはずし、ペーパータオルで水けをよくふく。薄力粉、溶き卵、合わせたA、溶き卵、合わせたAの順に衣をつける。

2. フライパンにオリーブ油を熱し、1を入れて全面がカリカリになるまで、強火で揚げ焼きにし、ペーパータオルにのせて油をきる。1cm厚さに切って器に盛る。
   * 中は生の状態がおいしいので、火を通し過ぎないこと！

3. ボウルにBを入れて混ぜ合わせ、レモンとともに2に添える。食べるときにレモンを絞る。

MEMO

溶き卵とパン粉を2回ずつつけてしっかりした衣にするのがポイント。かつおのうまみを閉じ込めて逃がさないように。揚げ焼きにするときは強火にすると外はカリカリ、中はレアでかつお本来の味が楽しめます。

かつおは血合いを取り除くだけで、臭みがなくなる

かつおの塩たたき

材料　2人分
かつお（刺身用さく）…270g
A　にんにくの薄切り…1かけ分
　　おろししょうが…5g
　　あさつきの小口切り…10g
　　ルッコラのせん切り…10g
　　みょうがの薄切り…10g
塩…適量
レモンのくし形切り…1切れ

作り方
1. かつおは血合いを取り除いて塩をふり、ラップで包んで冷蔵庫に30分～1時間入れてなじませる。
2. 1を冷蔵庫から出してラップをはずし、ペーパータオルで水けをよくふく。
3. フライパンを熱し、2のかつおの皮目を下にして強火で20秒ほど焼き、バットに入れて冷凍庫で5分冷やす。にんにくは水にさらしてペーパータオルで水けをふき取る。
4. かつおを冷凍庫から出して5mm厚さに切り、器に並べる。軽く塩を散らしAをのせ、食べるときにレモンを絞る。

さんまが旬の時期に作るのが一番。いわしやあじでもOK

さんまのなめろう

材料　2人分

さんま(刺身用) … 2尾
　塩 … 少々
A ┃ おろししょうが … 10g
　┃ 青じそのせん切り … 5枚分
　┃ いり白ごま … 2g
　┃ 青ねぎの小口切り … 15g
酒 … 小さじ1
みそ … 15g

作り方

1　さんまは三枚におろし、皮に包丁を当てて皮をひく。中骨をはさむように2本切り込みを入れ、骨を取り除く。塩を軽くふって5〜10分おき、ペーパータオルで水けをふく。

2　まな板の上に1とAをのせて包丁でたたく。全体が混ざったら酒とみそを加えてさらにたたいて混ぜ、器に盛る。

MEMO これが、外はカリッ、中はジューシーに仕上げるから揚げの鉄則。やってみれば納得です。

ビールといったらこれ！ 揚げ立てで一杯どうぞ
から揚げ2種 しょうゆだれ&塩だれ

材料　2人分

鶏もも肉 … 1枚（約300g）
〈しょうゆだれ〉
　かえし(P95参照) … 大さじ2
　酒 … 小さじ1
　片栗粉 … 50g
〈塩だれ〉
　酒 … 大さじ1
　塩 … 小さじ1/4
　おろししょうが … 5g
　片栗粉 … 30g
揚げ油 … 適量
レモンのくし形切り … 2切れ

作り方

1　鶏肉は黄色い脂を取り除いて、包丁で筋を除き、一口大に切る。

2　1を2等分にしてそれぞれボウルに入れ、片栗粉以外のしょうゆだれと塩だれの材料を加えて、それぞれよく揉み込む。片栗粉をまぶして余分な粉をはたく。

3　160℃の揚げ油で、2を2分ほど揚げて油をきり、5分ほど休ませる。

4　3の肉が冷めたら、揚げ油を170℃に熱して3分ほど揚げ、油をきる。器に盛り、レモンを添える。

から揚げの親子あんかけ

材料　2人分

鶏のから揚げ（塩だれ・上記参照）
　　… 半量
A｜だし(P93参照) … 180mℓ
　｜しょうゆ … 小さじ2
　｜砂糖 … 大さじ2
　｜米酢 … 大さじ1
〈水溶き片栗粉〉
　｜片栗粉、水 … 各小さじ1/2
溶き卵 … 1個分
木の芽 … 適宜

作り方

1　から揚げは3等分に切る。

2　鍋にAを入れて火にかけ、沸騰したら水溶き片栗粉を加えてとろみをつける。溶き卵を回し入れてひと混ぜし、火を止めて30秒ほどおく。

3　器に1を盛って2をかけ、あれば木の芽を散らす。

15

こってりしているけれど、さっぱり味で食べる焼き鶏

焼き鶏の梅しそ風味

材料　2人分

鶏もも肉 … 1枚(約300g)

A｜青じそ … 3枚
　｜練り梅(市販) … 10g
　｜にんにくの薄切り … 1かけ分

塩 … 少々

サラダ油 … 大さじ1

B｜パプリカ(赤)のみじん切り
　｜　　… 20g
　｜にんにくの薄切り … 15g
　｜オリーブ油 … 大さじ3

レモン汁 … 1/3個分

ルッコラ … 適量

作り方

1 青じそは3等分に切る。鶏肉の身と皮の間にAをはさみ、全体に軽く塩をふる。

2 フライパンにサラダ油を熱し、1を皮目から焼いて全体に火が通るまで中火〜弱火で両面を焼く。最後に皮目を下にして強めの中火で皮をパリッと焼き、食べやすい大きさに切って器に盛る。

3 2のフライパンをきれいに洗って火にかけ、合わせたBを入れ、グツグツしてきたら2にかける。レモン汁をかけ、ルッコラをざく切りにして添える。

決め手は焼き方。中火〜弱火でじっくり焼いてから、最後に強めの中火で皮をパリッと。焼いている間に肉にはさんだ青じそと練り梅、にんにくの風味とうまみが渾然一体となって肉の中にじゅわ〜としみ込む……。想像するだけでよだれものですね。

もつ鍋のイメージで味わうわが家の定番鍋
豚ばらのもつ鍋もどき

材料　2人分
- 豚ばら肉(しゃぶしゃぶ用) … 200g
- 豆もやし … 1袋
- キャベツ … 1/4個
- にら … 1/2束
- ごぼう … 1/2本
- 油揚げ … 1枚
- にんにく … 20g
- A
  - だし(P93参照) … 270ml
  - かえし(P95参照) … 135ml
  - すり白ごま … 10g
  - 赤唐辛子(粉末) … 適量

作り方
1. 豆もやしはざるに入れてよく洗う。キャベツは食べやすい大きさのざく切りにし、にらは3cm長さに切る。ごぼうはささがきにして水にさらし、ざるに上げて水けをきる。油揚げは細切りにし、にんにくは薄切りにして水にさらし、水けをきる。
2. 鍋(土鍋など)に豚肉、1、Aを入れて火にかけ、野菜がしんなりして肉に火が通ったらでき上がり。

焼き方がおいしさの決め手
鯛のあらの山椒焼き

材料　2人分

鯛のあら（かまつきの頭）… 150g
　塩 … 少々
かえし（P95参照）… 大さじ2
おろし大根 … 約50g
粉山椒、木の芽 … 各適量

作り方

1. 鯛のあらは軽く塩をふり、魚焼きグリルで表面に焼き目がつくまで焼く。
2. 刷毛でかえしを塗りながら、2～3回返してしょうゆの焼き目をつけ、器に盛る。粉山椒をふって木の芽をのせ、おろし大根の汁けを絞って添える。

手の込んだ料理に見えますが、作り方はとっても簡単！
鮭・ド・カンパーニュ

材料　2人分

A
- 鮭の水煮(缶詰) … 180g
- マヨネーズ … 大さじ1

B
- 八方だし(P94参照) … 180mℓ
- 粉ゼラチン … 10g

C
- ケーパーのみじん切り … 小さじ1/2
- ディルのみじん切り … 小さじ1

生ハム … 約50g
粒マスタード、ディル(飾り用) … 各適量

作り方

1 ボウルに**A**を入れてよく混ぜる。

2 鍋に**B**を入れて火にかけ、ゼラチンが溶けたら粗熱をとって**1**に加える。**C**を加えてボウルの底を氷水に当て、ある程度固まるまで泡立て器で混ぜる。

3 型(テリーヌ型など)にラップを敷き、オリーブ油(分量外)を塗って、底と側面に生ハムを敷き詰める。側面の生ハムははみ出すようにする。

4 **3**に**2**を入れ、はみ出した生ハムでふたをしてラップをかけ、冷蔵庫で2時間ほど冷やす。

5 食べやすい大きさに切って器に盛り、粒マスタードを添えてディルを飾る。

肉の代打に鮭缶を使ったパテ(鮭)・ド・カンパーニュ。混ぜて冷やして固めるだけなのに、見た目が華やかで豪華な一品になるんだからうれしいですよ。ワインはもちろん日本酒にもよく合います。

香菜とナンプラーでエスニック風に。いつもと違った酒蒸しで勝負！

あさりのエスニック酒蒸し

材料　2人分

あさり（大粒／砂抜きしたもの）
　… 350g
香菜(シャンツァイ)の粗みじん切り … 10g
酒 … 90㎖
だし（P93参照）… 90㎖
ナンプラー … 小さじ1
香菜（飾り用）… 適宜

作り方

1 鍋にあさりと酒、だし、ナンプラーを入れて中火にかけ、あさりの口が開いたら香菜を加えてひと混ぜする。

2 器に盛り、好みで香菜を飾る。

あさりは春と秋の産卵期が一番うまい。身がプリプリでうまみ成分のコハク酸が増えるから。この時期にぜひ！

安いまぐろでもかえしを加えればうまみがアップ
漬けまぐろユッケ風

材料　2人分
まぐろ（刺身用さく）… 150g
卵黄 … 2個分
かえし（P95参照）… 大さじ2
あさつきの小口切り … 適量
すり白ごま … 適量

作り方
1. まぐろは薄切りにしてボウルに入れ、かえしを加えてよく揉み込み、2〜3分おく。ペーパータオルで出てきた水分をふく。
2. 1を器に盛り、かえし少々（分量外）をかけて卵黄をのせ、あさつきとごまをふる。

うなぎに負けないだし巻き卵の完成。おろし大根といっしょに食べても

さんまの蒲焼きう巻き風

材料　2人分

さんまの蒲焼き(缶詰)
　… 40g
卵 … 2個
八方だし(P94参照) … 100mℓ
焼きのり(全形) … 1/2枚
サラダ油 … 適量

作り方

1. ボウルに卵を割り入れ、八方だしを加えてよく混ぜ、ざるでこす。
2. 卵焼き器を熱し、サラダ油を塗る。1を1/4量流し入れ、のり、さんまの蒲焼きを順に置いて、手前から奥側へ巻く。手前に寄せて奥側にサラダ油を塗り、残りの1を同量流し入れて、再び巻く。これを繰り返す。
3. 2を巻きすで巻いて5分ほどおき、食べやすい大きさに切って器に盛る。

さば缶とマヨネーズがソースになって材料を一つにまとめます
さば缶のマルゲリータ

材料　2人分
さばの水煮(缶詰) … 190g
ピザ生地(市販) … 1枚
ミニトマト … 3個
ピザ用チーズ … 40g
マヨネーズ … 大さじ1
ごま油 … 小さじ1
青じそのせん切り … 4枚分
粗びき黒こしょう(または粉山椒)
　　… 適量

作り方
1. さばはフォークでつぶしてマヨネーズを加え、よく混ぜる。
2. ピザ生地にごま油を塗り、1を塗り広げてチーズを散らす。
3. ミニトマトはへたを取って薄切りにし、2にのせる。オーブントースターに入れ、焦げ目がついて生地の底がカリッとするまで5分ほど焼く。
4. 器に盛り、青じそを散らして黒こしょうをかける。

江戸の伝統料理をおつまみに。ご飯のおかずにもぴったり

うなぎとごぼうの柳川

材料　2人分
うなぎの蒲焼き(市販) … 1枚
ごぼう … 小 $\frac{1}{2}$ 本(50g)
卵 … 2個
八方だし(P94参照) … 180ml
三つ葉 … 5本
粉山椒 … 適量

作り方
1. うなぎはざるにのせて両面に熱湯をかけ、ついているたれを取り除く。ペーパータオルで水けをふいて1cm幅に切る。ごぼうはささがきにして、酢水(または水)につけてアクを抜く。卵は軽く溶きほぐし、三つ葉は1cm長さに切る。
2. 土鍋に八方だし、ごぼう、うなぎを入れて火にかける。ごぼうに火が通ったら弱火にし、溶き卵を2〜3回に分けて回し入れてふたをする。卵が半熟になったら三つ葉をのせ、粉山椒をふる。

＊ このとき卵に火が入り過ぎないようにすること。

MEMO

市販の蒲焼きにわざわざ熱湯をかけてたれを取り除くなんて、と思うかもしれないけれど、たれがついたままだと味がピタッと決まらない。だからこのひと手間がごちそうになるんです。

びっくりするおいしさ
まぐろカツサンド

材料　2人分

まぐろ（刺身用さく）… 170g
塩 … 適量
A | 中濃ソース … 大さじ2
　　| 蒲焼きのたれ（市販）
　　|　… 大さじ2
B | マヨネーズ … 25g
　　| 練りわさび … 2g
食パン（8枚切り）… 2枚
小麦粉、溶き卵、パン粉 … 各適量
揚げ油 … 適量

作り方

1 まぐろは塩をふってペーパータオルを3重に巻き、冷蔵庫に1時間以上（できれば半日）おいて水けをしっかり取る。**A**と**B**はそれぞれ混ぜ合わせる。

2 **1**のまぐろに小麦粉、溶き卵、パン粉、溶き卵、パン粉の順に衣をつけ、180℃の揚げ油で表面が色づくまで1分ほど揚げ、**A**をからめる。

3 食パンは、こんがり色づくまで軽くトーストし、**B**を塗り、**2**をはさむ。上から軽く押して、食パンの耳を切り落とし、食べやすい大きさに切る。

MEMO

ボリューム満点のまぐろで作るカツサンド。まぐろは水抜きをしっかりすると、臭みも水っぽさも取れます。揚げたあとにたれをからめるのもポイント。味がしみてホントにうまい！　間違いなくやみつきになりますよ。

だしで煮るとおいしさが倍増。温泉卵につけて食べるとうまい！

肉豆腐

<u>材料　2人分</u>
牛肩ロース薄切り肉(切り落とし)
　　… 170g
油揚げ … ½枚
木綿豆腐 … 1丁
長ねぎ … 1本
温泉卵(市販) … 2個
スナップえんどう … 5本
砂糖 … 大さじ3
かえし(P95参照) … 180㎖
だし(P93参照) … 360㎖
サラダ油 … 大さじ1

作り方

1 油揚げは1㎝幅に切り、豆腐は食べやすい大きさに切る。長ねぎは斜め切りにする。スナップえんどうはゆでて細切りにする。

2 鍋にサラダ油を熱して牛肉を炒め、肉の色が変わったら砂糖を加えて混ぜ合わせる。かえしとだし、豆腐、油揚げを加えて中火で10分ほど煮る。最後に長ねぎを加えて5分ほど煮る。途中でアクが出たら取る。

3 器に盛り、スナップえんどうをのせる。別の器に温泉卵を割り入れ、つけて食べる。

かえしのうまみが存分に味わえる。だしでワンランク上の味わいに

揚げ出し豆腐

材料　2人分

木綿豆腐 … 1丁

A ┃ 水(またはだし) … 270mℓ
　　┃ かえし(P95参照) … 180mℓ
　　┃ 砂糖 … 大さじ1

B ┃ おろし大根 … 適量
　　┃ おろししょうが … 適量
　　┃ 白髪ねぎ … 適量

片栗粉 … 適量
揚げ油 … 適量

作り方

1 豆腐はペーパータオルで包んで重石(皿など)をし、30分ほど水きりをする。10等分に切って片栗粉をつける。

2 170℃の揚げ油で**1**を2分ほど揚げて油をきる。

3 鍋に**A**を入れて温める。

4 器に**2**を盛り、**3**をかけて**B**をのせる。

冷凍の里いもを使えばアク抜きいらず

里いもの含め煮揚げ

材料　2人分

里いも(冷凍) … 10個
八方だし(P94参照) … 360㎖
片栗粉 … 適量
揚げ油 … 適量

作り方

1 鍋に八方だしと里いもを入れて火にかけ、煮汁が半量になるまで煮て火から下ろし、粗熱をとる。厚めのポリ袋に煮汁といっしょに入れて空気を抜き、口を閉じて氷水につけて冷ます。

2 **1**の里いもに片栗粉をまぶし、170℃の揚げ油で4～5分揚げる。

ビールのあてに最高！　スナック感覚でどうぞ

ごぼうの竜田揚げ

材料　2人分

ごぼう … 大½本
A ┃ かえし(P95参照) … 120㎖
　　┃ 砂糖 … 大さじ1
　　┃ だし(P93参照) … 180㎖
　　┃ しょうがの薄切り(皮つき)
　　┃　… 10g
片栗粉 … 適量
揚げ油 … 適量

作り方

1 ごぼうはたわしで洗って四つ割りにし、4㎝長さに切る。

2 鍋に**1**と**A**を入れて火にかけ、煮汁が⅓量になるまで煮て火から下ろし、粗熱をとる。厚めのポリ袋に煮汁といっしょに入れて空気を抜き、口を閉じて氷水につけて冷やす。

3 **2**のごぼうに片栗粉をまぶし、170℃の揚げ油で3分ほど揚げる。

ポリ袋が大活躍。里いもやごぼうを煮汁といっしょに入れておくだけで味がぐんぐんしみていきます。だしも少量ですみます。

さっぱりおつまみ

素材本来の味をなくすことなく、うまみを最大限に引き出すワザが満載です。ちょっとしたコツで驚きの味に仕上がり、見た目もシンプルでおいしそう。材料も手に入りやすいものを使っているので作りやすさ満点です。

MEMO

八方だしにつけておくだけでうまみがぐんぐんアップする。もちろん作ってすぐに食べてもおいしいけれど、つけておくだけでうまみが増すのだから、やらない手はないでしょう。

大根にだしがしみ込んで得も言われぬおいしさ
大根のお浸し

材料　2人分

大根 … 1/4本
八方だし(P94参照) … 360㎖
木の芽 … 適宜

作り方

1 大根は皮を厚くむいて4㎝厚さの輪切りにする。鍋に入れてひたひたの水を加え、竹串がすっと通るくらいまでゆで、ざるに上げて冷ます。

2 鍋に八方だしを入れて中火にかけ、沸騰したら**1**を加えて弱火で5分煮て火から下ろし、粗熱をとって冷蔵庫で30分～1時間冷やす。

3 器に盛り、あれば木の芽をのせる。

桜えびのうまみと香りが味の決め手
レタスと桜えびのお浸し

材料　2人分

レタス … 1/2個
桜えび(乾燥) … 3g
オリーブ油 … 15g
八方だし(P94参照) … 180㎖

作り方

1 フライパンにオリーブ油と桜えびを入れて、弱火で軽く炒める。香りが出てきたら火から下ろして冷ます。

2 レタスは芯を取って半分に切る。鍋に湯を沸かしてレタスをさっとゆで、冷水にとって水けを絞り、密閉容器に入れる。八方だしを加えて1時間以上つける。

3 器に盛り、**1**の桜えびをのせる。

だしに浸して味をしみ込ませるのがコツ
しめじと三つ葉のお浸し

材料　2人分

しめじ … 1/2パック
三つ葉 … 2袋
油揚げ … 1枚
八方だし(P94参照) … 360㎖

作り方

1 しめじは石づきを取る。油揚げは5㎜幅に切る。

2 鍋に湯を沸かして塩(分量外)を加え(湯1ℓに塩小さじ1)、三つ葉、しめじ、油揚げを順に、それぞれさっとゆで、冷水にとって水けを絞る。三つ葉は3㎝長さに切る。

3 **2**を密閉容器に入れ、八方だしを加えて1時間つける。

だしとちりめんじゃこのうまみが合体
じゃこピーマン

材料　2人分
ちりめんじゃこ … 30g
ピーマン … 小10個
ごま油 … 大さじ1
A│八方だし(P94参照) … 180㎖
　│砂糖 … 小さじ1/2

作り方

1 ピーマンはへたと種を取り、縦に2～3等分に切る。フライパンにごま油を熱し、ピーマンを軽く炒める。

2 1にAを加えて中火にかけ、煮汁が半量くらいになるまで煮詰める。ちりめんじゃこを加え、汁けがなくなるまでさらに煮詰める。

黄金コンビの生ハムとメロンを白あえにしたら最高でした
イタリアン白あえ

材料　2人分

木綿豆腐 … 200g
カッテージチーズ … 50g
ほうれんそう … 1束
生ハムの細切り … 40g
メロン … 1/4個（正味120g）
A | 練り白ごま … 小さじ1
　　　 砂糖 … 大さじ1 1/3
　　　 薄口しょうゆ
　　　　 … 大さじ1 1/3
粗びき黒こしょう … 適量

作り方

1 豆腐はペーパータオルで包んで重石（皿など）をし、30分ほど水きりをする。鍋に湯を沸かしてほうれんそうをゆで、冷水にとって水けを絞り、3cm長さに切る。メロンは一口大に切ってペーパータオルで水けを取る。

2 ボウルに豆腐、カッテージチーズ、**A**を入れ、ハンディブレンダーで混ぜる。

3 **2**に生ハム、**1**のほうれんそう、メロンを加えて混ぜ合わせ、器に盛って黒こしょうをふる。

トマトの塩昆布あえ

焼き枝豆

焼き野菜の粉かつおかけ

れんこんのきんぴら

手作りチーズ豆腐

じゃがいものバター煮

塩昆布の塩けとうまみにごまの風味がほんのり
トマトの塩昆布あえ

材料　2人分
- トマト … 大1個
- ごま油 … 小さじ1
- 塩昆布(細切り) … 15g
- すり白ごま … 5g

作り方
トマトはへたを取り、16等分のくし形切りにしてごま油であえる。塩昆布を加えて混ぜ、器に盛ってごまをふる。

野菜は焦げ目がつくくらいまで焼くと香ばしい
焼き野菜の粉かつおかけ

材料　2人分
- 玉ねぎ(1cm厚さの輪切り) … 2枚
- なす … 小2本
- ズッキーニ … 1/2本
- かぼちゃ(5mm厚さに切ったもの) … 4切れ
- パプリカ(赤) … 1個
- ごま油 … 大さじ2
- 八方だし(P94参照) … 70mℓ
- しょうゆ … 小さじ1
- 粉かつお … 小さじ1

作り方
1. なすはへたを取って縦半分に切り、皮に切り込みを入れる。ズッキーニは縦に5mm厚さに切る。パプリカはへたと種を取り、縦4等分に切る。
2. フライパンにごま油を熱し、かぼちゃ、玉ねぎ、なす、ズッキーニ、パプリカを順に並べ入れて、少し焦げ目がつくくらいまで中火で両面を焼き、八方だしを加える。ふたをして30秒ほど蒸し焼きにする。
3. 2を強火にしてしょうゆを回しかけ、ひと混ぜして器に盛り、粉かつおをかける。

枝豆は冷凍を使うので、いつでも手軽に作れます
焼き枝豆

材料　2人分
- 枝豆(冷凍) … 200g
- 塩 … 適量

作り方
1. 枝豆は解凍する。
2. フライパンを熱して1を入れ、焦げ目をつけて塩をふる。

MEMO　野菜は煮たり炒めたりすることが多いけれど、焼くと香ばしくて甘みが出てきます。

かえしでしっかり味をつけたきんぴら
れんこんのきんぴら

材料　2人分

- れんこん … 200g
- 赤唐辛子(種を除く) … 1本
- ごま油 … 大さじ2
- かえし(P95参照) … 大さじ2
- いり白ごま、粉山椒 … 各適量

作り方

1. れんこんは皮をむいて薄切りにし、水に10分ほどさらして水けをきる。
2. フライパンにごま油を熱し、赤唐辛子とれんこんを入れ、中火で3分ほど炒める。かえしを加え、汁けがなくなるまで炒める。
3. 器に盛り、ごまと粉山椒をふる。

豆乳の膜を作らないこと。膜ができるとうまみが抜けてしまいます
手作りチーズ豆腐

材料　2人分

- A
  - 豆乳 … 360㎖
  - クリームチーズ … 100g
  - かえし(P95参照) … 大さじ1
  - 塩 … 小さじ1/2
  - 粉ゼラチン … 7g
- 塩昆布(細切り) … 1g
- オリーブ油 … 小さじ1/4
- 万能ねぎの小口切り … 適量
- 粉かつお … 1つまみ

作り方

1. 鍋にAを入れて中火にかける。沸騰直前になったら、ざるでこしてボウルに入れ、ボウルの底を氷水に当てて混ぜながら粗熱をとる。流し缶に入れてラップをかけ、冷蔵庫で1～2時間、冷やし固める。
2. 食べやすい大きさに切って器に盛り、細かく刻んだ塩昆布、万能ねぎをのせ、オリーブ油、粉かつおをかける。

シンプルイズベストな一品
じゃがいものバター煮

材料　2人分

- じゃがいも … 2個
- A
  - 八方だし(P94参照) … 180㎖
  - 砂糖 … 大さじ2
- バター(食塩不使用) … 20g
- 黒こしょう、粉かつお、
  ゆずの皮の細切り … 各適量

作り方

1. じゃがいもは皮をむいて芽を取り、一口大に切って5分ほど下ゆでし、ざるに上げる。
2. 鍋にAを入れて1を加え、中火にかける。沸騰したら弱火にし、汁けが少なくなってじゃがいもに火が通ったら、バターを加えて全体になじませる。
3. 器に盛り、黒こしょうと粉かつおをふり、ゆずの皮をのせる。

材料をミキサーでガーッと混ぜるだけだから超簡単
パプリカの和風ガスパチョ

材料　2人分
パプリカ(赤) … 40g
玉ねぎ … 60g
香菜(シャンツァイ) … 20g
にんにく … 5g
トマトの水煮(ホール缶) … 1缶(400g)
八方だし(P94参照) … 90mℓ
かえし(P95参照) … 大さじ2
ペッパーソース … 小さじ1/2
塩、黒こしょう … 各適量
ウスターソース … 大さじ1
あさつきの小口切り … 適量
オリーブ油 … 大さじ2

作り方
1. ミキサーにあさつきとオリーブ油以外の材料をすべて入れ、液状になるまで撹拌(かくはん)する。
2. 器に盛り、あさつきをのせてオリーブ油を回し入れる。

鼓MEMO
最後に加えるあさつきとオリーブ油が味のアクセント。カペッリーニやそうめんのつけだれにすると最高です。

帆立ての汁のうまみが生きている
帆立て豆腐

材料　2人分

帆立ての水煮(缶詰) … 70g
絹ごし豆腐 … 200g
八方だし(P94参照) … 180mℓ
〈水溶き片栗粉〉
| 片栗粉、水 … 各小さじ1/2
練りわさび … 適量
木の芽 … 適宜

作り方

1. 豆腐はペーパータオルで包んで電子レンジで2～3分加熱する。
2. 鍋に八方だしを入れて火にかけ、沸騰したら帆立てをほぐして加え、水溶き片栗粉を回し入れてとろみをつける。
3. 1の豆腐を2等分して器に盛り、2をかけ、練りわさびとあれば木の芽を添える。

にんじんプリン	かぶら蒸し
冷製玉ねぎの茶碗蒸し	そら豆の茶碗蒸し

えびしんじょう

MEMO
えびはつぶしてしまうものと小口切りにしたものを半々にして使う。食感を残しつつえびのうまみを存分に味わえる料亭の味になるから、感動もの。

鮮やかなオレンジ色が食欲をそそる
にんじんプリン

材料　4人分
- にんじん … 1/3本(100g)
- 卵 … 2個
- 卵黄 … 2個分
- 牛乳 … 75mℓ
- 生クリーム … 75mℓ
- かえし(P95参照) … 大さじ2
- あさつきの小口切り … 適量

作り方

1 にんじんは薄切りにして、柔らかくなるまでゆで、ざるに上げる。

2 ボウルに**1**とあさつき以外の残りの材料を入れ、ハンディブレンダーでなめらかになるまで攪拌してざるでこす。器に入れ、蒸気の上がった蒸し器で4〜5分蒸して火を止める。余熱で7〜8分蒸して粗熱をとり、冷蔵庫でしっかり冷やし、あさつきをのせる。

冬の食材で手軽に作れる一品。お好みでわさびを添えてもうまい
かぶら蒸し

材料　4人分
- **A** | かぶ … 3個(250g)
  - 卵白 … 3個分
  - 米粉 … 大さじ2
  - 塩 … 小さじ1/2
- かに(缶詰) … 60g
- だし(P93参照) … 180mℓ

〈水溶き片栗粉〉
- | 片栗粉、水 … 各小さじ1/2
- ゆずの皮の細切り、
  - 三つ葉(1cm長さに切る) … 各適量

作り方

1 かぶは皮をむいて4等分に切る。ボウルに**A**を入れ、ハンディブレンダーでなめらかになるまで攪拌する。器に入れ、蒸気の上がった蒸し器で4〜5分蒸して火を止め、余熱で7〜8分蒸して冷ます。

2 鍋にだしとかにを入れて中火にかける。沸騰したら水溶き片栗粉を加えてとろみをつけ、**1**にかけてゆずの皮と三つ葉をのせる。

甘くない大人のプリン。カラメルの代わりに玉ねぎソースをかけて
冷製玉ねぎの茶碗蒸し

材料　4人分
- **A** | 牛乳 … 150mℓ
  - 卵 … 1個
  - 卵黄 … 1個分
  - かえし(P95参照) … 大さじ2
- 玉ねぎソース(P71参照) … 大さじ2

作り方

1 ボウルに**A**を入れて混ぜ合わせ、ざるでこす。器に入れ、蒸気の上がった蒸し器で4〜5分蒸して火を止め、余熱で7〜8分蒸して粗熱をとり、冷蔵庫でしっかり冷やす。

2 **1**に玉ねぎソースをかける。

そら豆は生でも冷凍でもOK。冷蔵庫で冷やして食べても絶品

そら豆の茶碗蒸し

材料　4人分

そら豆 … 70g(正味)
卵 … 2個
八方だし(P94参照)
　… 180㎖ + 300㎖
〈水溶き片栗粉〉
　片栗粉、水 … 各小さじ1/2

作り方

1. 鍋に湯を沸かし、そら豆をゆでる。柔らかくなったらざるに上げ、薄皮をむく。
2. ボウルに卵と八方だし180㎖を入れて、泡立て器でよく混ぜ合わせ、ざるでこす。器に入れ、蒸気の上がった蒸し器で4〜5分蒸して火を止め、余熱で7〜8分蒸して冷ます。
3. 別の鍋に八方だし300㎖と水溶き片栗粉を入れて火にかけ、ゴムべらで混ぜながら煮立たせる。とろみがついたら1を加え、ハンディブレンダーでなめらかにして、2にかける。

はんぺんを使えば、料亭の味が食卓へ。プリプリえびの食感が楽しい

えびしんじょう

材料　4人分

むきえび(ブラックタイガー) … 100g
A｜酒 … 大さじ1
　｜塩 … 小さじ1
　｜水 … 大さじ2
B｜はんぺん … 1枚(110g)
　｜卵白 … 2個分
　｜米粉 … 大さじ1
　｜酒 … 大さじ1
　｜塩 … 1つまみ
八方だし(P94参照) … 180㎖
〈水溶き片栗粉〉
　片栗粉、水 … 各小さじ2
練りわさび、ゆずの皮の細切り
　… 各適量

作り方

1. えびは背わたを取ってAをふり、もみ洗いする。流水で洗ってペーパータオルで水けをふき、小口切りにする。
2. フードプロセッサーに1の半量とBを入れて攪拌し、ボウルに移す。残りの1を加えて混ぜ合わせ、器に盛る。蒸気の上がった蒸し器で4〜5分蒸して火を止め、余熱で7〜8分蒸して冷ます。
3. 鍋に八方だしを入れて中火にかけ、沸騰したら水溶き片栗粉を加えてとろみをつけ、2にかけて練りわさびとゆずの皮をのせる。

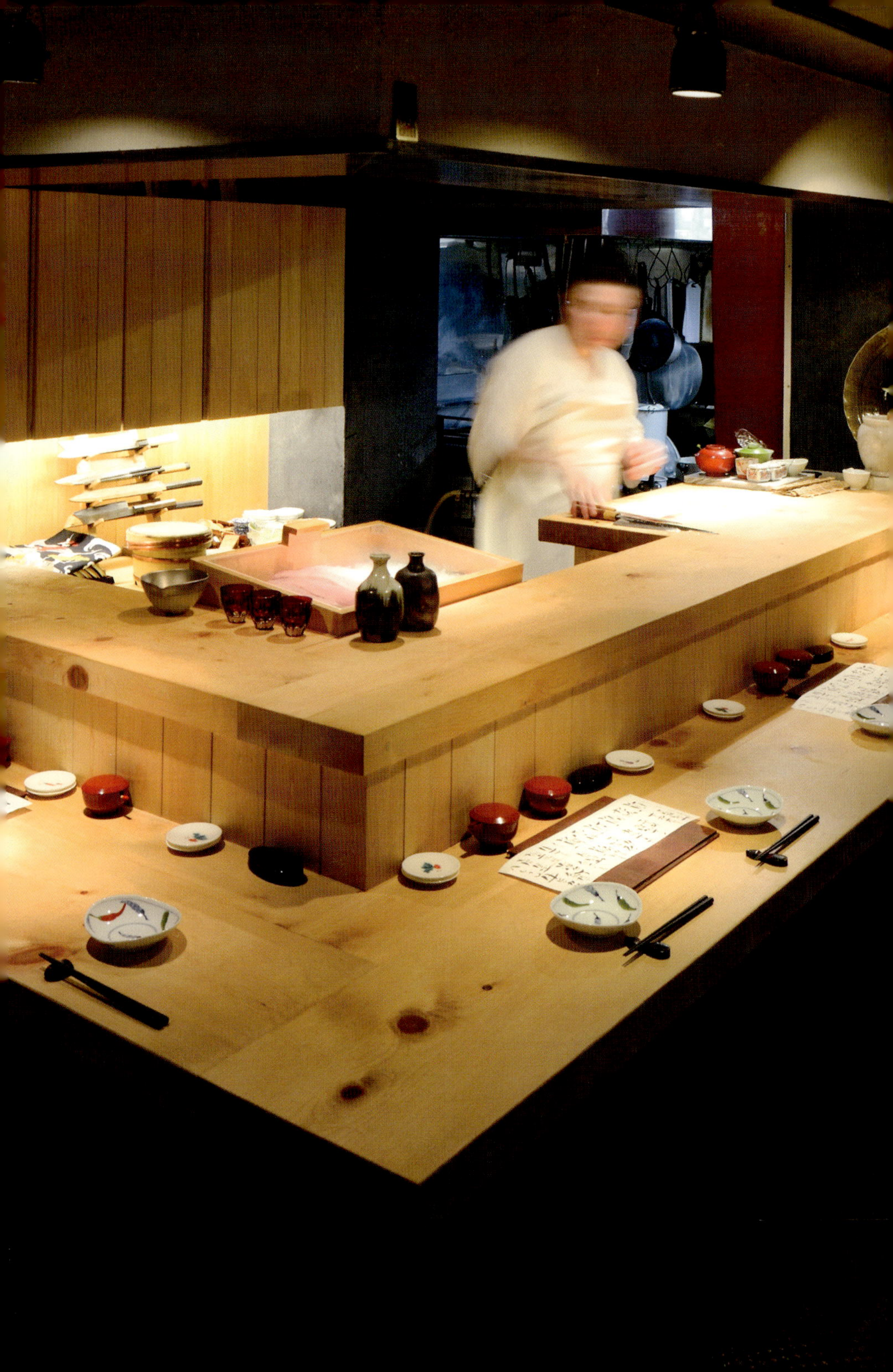

あるとうれしい
常備菜おつまみ

作りおきができるおつまみです。何品か作っておけば、時間がないときでも、急な来客があっても重宝します。しかもご飯との相性が抜群なので、おかずの一品にも。鼓太郎流は「こうくるか！」という意表をつくレシピが盛りだくさん。とにかく作ってみて感動の味を存分に楽しんでください。

シャキシャキの食感を楽しんで
野菜ピクルス

鼓MEMO

ピクルスにも八方だしとかえしのダブル使いは有効。だしのうまみが倍増するから味がしみ込むほどに奥深い味わいになっていく。ご飯にも酒のあてにもよく合います。

材料　でき上がり700〜750g
きゅうり … 2本
パプリカ(赤・黄) … 各1/2個
大根 … 1/4本
塩 … 大さじ1
A｜八方だし(P94参照) … 200mℓ
　｜米酢 … 50mℓ
　｜かえし(P95参照)、薄口しょうゆ
　｜　… 各大さじ1 1/3
　｜赤唐辛子(種を除く) … 1本

作り方
1. きゅうりは皮を縞目にむき、パプリカはへたと種を取り、ともに一口大の乱切りにする。大根は皮をむいて縦6等分に切って5mm厚さのいちょう切りにする。ボウルにすべての野菜を入れて塩をふり、20分ほどおく。ざるに入れてよく洗い、水けをきって再びボウルに入れる。
2. 鍋にAを入れて火にかけ、沸騰したら1のボウルへ注ぎ入れて粗熱をとる。重石(皿など)をして冷蔵庫で30分以上なじませる。

＊ 密閉容器に入れて冷蔵庫で1〜2日保存可能。

[活用例]

たこのマリネ

材料　2人分
野菜ピクルス … 150g
ゆでだこ(市販) … 100g
A｜かえし(P95参照) … 小さじ1
　｜オリーブ油 … 大さじ1 1/3
　｜バルサミコ酢 … 小さじ1
粗びき黒こしょう … 適宜

作り方
1. ピクルスはペーパータオルで汁けを取り、ゆでだこはぶつ切りにする。
2. ボウルにAを入れて混ぜ、1を加えてマリネする。器に盛り、好みで黒こしょうをふる。

ひき肉でコンビーフが簡単に作れます
手作り和風コンビーフ

材料　でき上がり460g

牛ひき肉 … 300g

A　八方だし(P94参照) … 360mℓ
　　粗びき黒こしょう … 小さじ1/4
　　粉ゼラチン … 10g
　　しょうがの薄切り … 20g

粗びき黒こしょう、粒マスタード
　… 各少々

作り方

1. 鍋にひき肉と**A**を入れて中火にかけ、肉の色が変わるまで木べらでほぐしながらしっかり煮込む。火から下ろしてハンディブレンダーで攪拌（かくはん）する。
2. **1**の粗熱をとって型に流し入れ、冷蔵庫で冷やし固める。
3. 食べやすい大きさに切って器に盛り、黒こしょうをふって粒マスタードを添える。

＊　密閉容器に入れて冷蔵庫で1～2日保存可能。

活用例

コンビーフのリゾット風

材料　2人分

手作り和風コンビーフ … 100g
ご飯 … 200g
だし(P93参照) … 70mℓ
かえし(P95参照) … 小さじ1
パルメザンチーズ … 10g
バター(食塩不使用) … 20g
あさつきの小口切り、粗びき黒こしょう
　… 各適量

作り方

1. ご飯は水で洗ってざるに上げる。
2. 鍋に**1**、コンビーフ、だし、かえしを入れて中火にかけ、沸騰したら弱火にして、ご飯が温まるまで2分ほど煮る。
3. **2**にパルメザンチーズとバターを加えて混ぜる。器に盛り、あさつきをのせて黒こしょうをふる。

だしとコンビーフのうまみがぎゅっと詰まった一品
和風ザワークラウト

MEMO

コンビーフとだしとかえしで味を決めるザワークラウト。それぞれのうまみが折り重なって、今まで味わったことのない極上の味に。洋と和が見事に一体化したザワークラウトが堪能できます。

材料　でき上がり360g

キャベツ … 1/2個
手作り和風コンビーフ(P55参照)
　… 100g
A ┃ だし(P93参照) … 180mℓ
　┃ かえし(P95参照) … 90mℓ
　┃ 米酢 … 90mℓ
　┃ 砂糖 … 大さじ1
オリーブ油 … 大さじ1

作り方

1. キャベツはせん切り、コンビーフは一口大に切る。Aは混ぜ合わせる。
2. 大きめの鍋にオリーブ油とキャベツを入れて中火で炒める。しんなりしたら、Aとコンビーフを加えて、焦げないように木べらで混ぜながら、汁けがなくなるまで煮詰める。

＊ 密閉容器に入れて冷蔵庫で1〜2日保存可能。

活用例

ホットドッグ

材料　2人分

和風ザワークラウト … 60g
コッペパン … 2個
ソーセージ … 2本
バター … 適量
粒マスタード … 適量

作り方

1. 鍋に湯を沸かし、ソーセージをゆでる。
2. コッペパンは切り込みを入れてオーブントースターで焼き、バターと粒マスタードを塗る。ザワークラウトと1をはさむ。

残った煮汁で大根を煮てもおいしい
角煮

ポリ袋は鍋代わりにも使える。もちろんこの場合はちょっと厚手の耐熱性のポリ袋を使うのが鉄則。肉と煮汁を入れてコトコト。取り出してそのまま冷水につけて味をしみ込ませる。肉の隅々まで味がしみわたって、この上ないうまさの角煮が完成！

材料　4人分

豚ばら肉(かたまり) … 500g

A | 酒 … 50㎖
　| 水 … 90㎖
　| ざらめ … 40g
　| しょうゆ … 100㎖
　| しょうがの薄切り … 20g
　| 長ねぎの青い部分 … 2本分

木の芽 … 適宜

作り方

1. 豚肉は3cm角に切る。フライパンを熱して豚肉を入れ、こんがり焼き色がつくまで焼く。
2. 2枚重ねた耐熱性のポリ袋にAと1を入れて空気を抜いて口を閉じる。鍋に湯を沸かして入れ、中火で30分ほど煮て、袋ごと冷水につけて冷ます。
3. ボウルを重ねたざるに2を袋から出して入れる。ざるの中の肉を取り出し、ボウルの煮汁といっしょに鍋に入れて温める。器に盛り、木の芽を飾る。

* 煮るとき、耐熱性のポリ袋が鍋に直接触れないように注意する。
* 残った煮汁にゆで卵をつけて味つけ卵にしてもおいしい。
* 密閉容器に入れて冷蔵庫で1〜2日保存可能。

[活用例]

角煮丼

材料　2人分

角煮 … 6切れ(120g)
ご飯 … 茶碗2杯分
角煮のたれ、水 … 各70㎖
〈水溶き片栗粉〉
　| 片栗粉、水 … 各小さじ1/2
あさつきの小口切り … 適量
粉山椒 … 少々
練りがらし … 適量

作り方

1. 器にご飯を盛る。
2. 鍋に角煮と角煮のたれ、分量の水を入れて火にかけ、温まったら角煮を取り出して1にのせる。
3. 残った煮汁に水溶き片栗粉を加えてとろみをつけ、角煮の上からかける。あさつきをのせ、粉山椒をふって練りがらしを添える。

ごく弱火で焦がさないように煮るのがコツ
肉みそ

肉みそには桜えびと卵黄、しょうがを入れる。桜えびからとびっきりのうまみが出て、卵黄でコクが増す。そこにしょうがを加えて味を引き締める。ほっかほかのご飯にのせてほおばれば、口の中にコクと風味とうまみが広がるからたまらない。

材料　作りやすい分量

鶏ひき肉 … 100g
桜えび(乾燥) … 10g
A ┃ 卵黄(溶きほぐす) … 1個分
　┃ おろししょうが … 小さじ1
　┃ だし(P93参照) … 70ml
　┃ 西京みそ … 200g
　┃ 砂糖 … 小さじ2
サラダ油 … 大さじ2

作り方

1　Aは混ぜ合わせる。
2　フライパンにサラダ油を熱し、ひき肉と桜えびを順に加えて炒める。
3　肉に火が通ったら、1を加えて弱火で5〜10分練る。

* 卵黄にしっかり火を入れることが大切。ただし入れ過ぎるとだまになるので気をつけて。
* 密閉容器に入れて冷蔵庫で1〜2日保存可能。

[活用例]

田楽なす

材料　2人分

肉みそ … 40g
米なす … 1個
スライスチーズ … 2枚
ゆずの皮のすりおろし … 適量
揚げ油 … 適量

作り方

1　なすは両端を切り落として、2等分にし、上下の切り口に切り込みを入れる。このとき、上下で切り込みの向きを変える。
2　170℃の揚げ油で1を揚げ、全体に火が通ったら油をきる。
3　2に肉みそをたっぷり塗り、チーズをのせる。オーブントースターでチーズがとろけるまで焼き、器に盛ってゆずをふる。

ポリ袋の中でちぎると、回りに飛び散りません
のりのつくだ煮

材料 でき上がり215g
焼きのり(全形) … 10枚
かえし(P95参照) … 90mℓ
水 … 270mℓ

作り方

1 のりはポリ袋に入れて手でバリバリちぎる。
2 鍋に材料をすべて入れて中火にかけ、水分がなくなってとろみが出てくるまで、焦げつかないように注意しながら煮詰める。

＊ 密閉容器に入れて冷蔵庫で1〜2日保存可能。

活用例

のりのクロックムッシュ風

材料 2人分
のりのつくだ煮 … 40g
食パン(6枚切り) … 2枚
ハム … 4枚
スライスチーズ … 4枚

作り方

1 食パンにのりのつくだ煮を塗り、ハムとチーズをそれぞれのせる。
2 オーブントースターでチーズに焼き色がついて、とろけるまで焼く。

まかないの定番メニュー。塩鮭でもOK！
さばフレーク

材料　でき上がり約200g
塩さば(三枚におろしたもの) … 2枚

作り方
塩さばは焼いて小骨を抜き、ほぐす。
＊ 密閉容器に入れて冷蔵庫で1～2日保存可能。

> **MEMO**　塩さばを焼くだけ、と侮るなかれ。香ばしく、塩味もついていて目からうろこのうまさ。脂ののった塩さばならうまみが倍増します。

活用例
さばちらし

材料　2人分
さばフレーク … 60g
ご飯 … 茶碗2杯分
すし酢(市販) … 大さじ2
A │ 青じそのせん切り … 5枚分
　　│ あさつきの小口切り … 10g
　　│ すり白ごま … 大さじ2
　　│ みょうがの薄切り … 10g
刻みのり … 適量
練りわさび … 適宜

作り方
1　ボウルにご飯を入れ、すし酢と合わせる。みょうがは水にさらしてペーパータオルで水けをふく。
2　1のボウルにさばフレークとAを加えて混ぜ合わせる。器に盛り、のりをのせ、好みでわさびを添える。

> **MEMO**
> あなごは下処理がうまさの決め手。湯引きをしてぬめりを取り、きれいに洗う。この作業を怠らないことが大切。あとはかえしで煮てうまみを入れる。ふんわりとして口の中でとろけるあなごで一杯！

ざらめを使うと、とろみとコクがアップします
煮あなご

材料　2人分

あなごの開き(生) … 小3枚
* なるべく厚みがあって新鮮なもの。

A ┃ 水 … 270㎖
　┃ かえし(P95参照) … 90㎖

ざらめ … 40g
木の芽 … 適宜

作り方

1. あなごは内臓の黒い部分が残っていたら、布でこすって取り除く。ざるにのせて皮目に熱湯をかけ、冷水にとってから包丁で白いぬめりを取り、流水で洗う。
2. 鍋にAと1を入れ、弱めの中火で15分ほど煮てあなごを取り出す。
3. 2の鍋に残った煮汁をざるでこして鍋に戻し、ざらめを加えてアクを取りながら、とろっとするまで弱火で煮詰める。
4. あなごを器に盛り、3をかけてあれば木の芽を添える。

* 密閉容器に入れて冷蔵庫で1〜2日保存可能。

活用例

あなごのひつまぶし風

材料　2人分

煮あなご … 140g
煮あなごの煮汁 … 大さじ2
ご飯 … 茶碗2杯分

A ┃ すり白ごま … 2つまみ
　┃ あさつきの小口切り … 5g
　┃ 青じそのせん切り … 2枚分
　┃ 粉山椒、もみのり … 各適量

練りわさび … 適量

作り方

1. 煮あなごはざく切りにする。
2. 器にご飯を盛り、1をのせる。煮あなごの煮汁を回しかけ、Aを散らして練りわさびを添える。

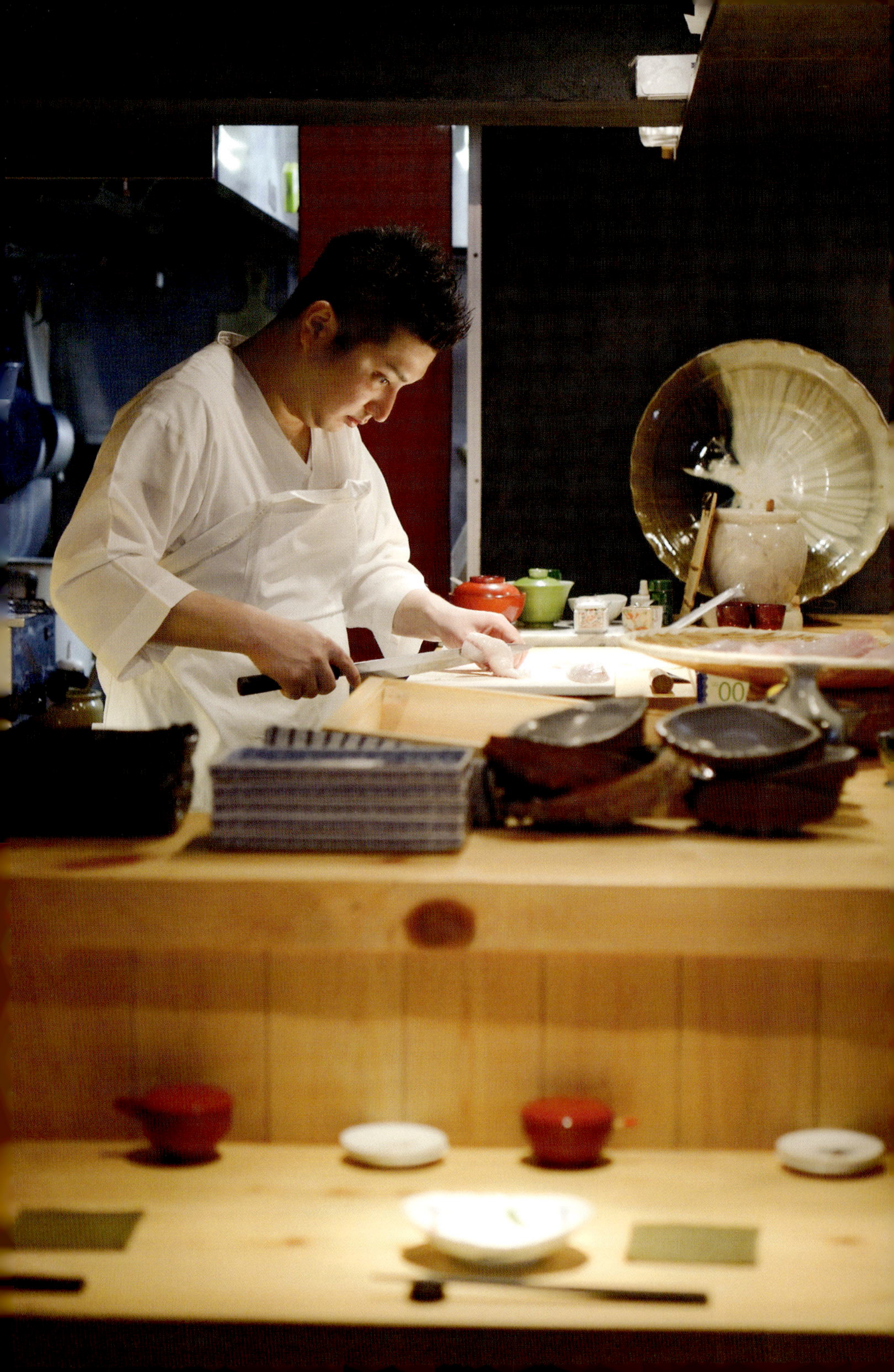

あれば役立つ
たれ、ソース、
ドレッシング

「たれ」「ソース」「ドレッシング」さえ作っておけば、かけるだけ、混ぜるだけでいつもの味に変化がつけられます。鼓太郎流はやっぱり八方だしやかえしでうまみをプラスするのが味の決め手。どれも多めに作っておくと、いつでも使えて便利ですが、3日以内で使いきるようにしてください。

ごまだれ　梅だれ　タルタルソース

玉ねぎソース　かにみそドレッシング　梅ドレッシング

たれ

ごまだれ

材料　作りやすい分量（約80g）
練り白ごま … 50g
砂糖 … 大さじ1
八方だし（P94参照）… 大さじ4
薄口しょうゆ … 小さじ1
米酢 … 小さじ1/2

作り方
ボウルに材料をすべて入れ、ハンディブレンダーで混ぜる。

梅だれ

材料　作りやすい分量（約250g）
梅かつお（瓶詰）… 105g
八方だし（P94参照）… 90㎖
かえし（P95参照）… 大さじ2
砂糖 … 大さじ1

作り方
ボウルに材料をすべて入れ、ハンディブレンダーで混ぜる。

ソース

タルタルソース

材料　作りやすい分量（約330g）

A
- 野沢菜漬け(市販) … 50g
- たくあん … 50g
- 長ねぎ … 50g
- きゅうりの浅漬け(市販) … 50g

B
- マヨネーズ … 130g
- 練りがらし … 10g
- レモン汁 … 1/4個分
- ゆで卵 … 1個
- 粉かつお … 大さじ2

作り方

1　フードプロセッサーにAを入れ、粗みじんになるまで攪拌する。ざるに入れてさっと水洗いし、ペーパータオルで水けをしっかりと絞る。

2　ゆで卵はフォークでつぶし、1にBを加えて混ぜ合わせる。

玉ねぎソース

材料　作りやすい分量（約430g）

- 玉ねぎの薄切り … 500g
- だし(P93参照) … 210ml
- かえし(P95参照) … 140ml
- 砂糖 … 大さじ4
- 粉かつお … 大さじ3

作り方

1　鍋に材料をすべて入れて中火にかけ、半量になるまでアクを取りながら煮詰める。

2　味をみて、甘さが足りなければ砂糖適量(分量外)を加える。最後にハンディブレンダーでひと混ぜする。

ドレッシング

かにみそドレッシング

材料　作りやすい分量（約380g）

- かにみそ(缶詰) … 50g
- かえし(P95参照) … 大さじ2
- マヨネーズ … 150g
- 黒こしょう … 小さじ1
- 水 … 大さじ3

作り方

ボウルに材料をすべて入れ、泡立て器で混ぜる。

梅ドレッシング

材料　作りやすい分量（約170g）

- 梅だれ(P70参照) … 大さじ2
- オリーブ油 … 大さじ4
- 練りわさび … 小さじ1/2
- 米酢 … 小さじ1
- 粒マスタード … 小さじ1

作り方

ボウルに材料をすべて入れ、ハンディブレンダーで混ぜる。

| ごまだれを使って |

香りのいい葉物野菜にたれがよく合う
ごまだれサラダ

材料　2人分

サラダほうれんそう … 1袋
ルッコラ … 1/2袋
三つ葉 … 1/2袋
ごまだれ(P70参照) … 大さじ3
すり白ごま … 適量

作り方

1. ほうれんそうとルッコラ、三つ葉は根元を切り落として2cm長さに切る。
2. ボウルに氷水を入れて**1**を入れ、10分ほどさらしてざるに上げ、水けをきる。
3. 器に**2**を盛ってごまだれをかけ、すりごまをふる。

牛肉は火を通し過ぎるとうまみが抜けてしまう

牛肉となすの利休あんかけ

材料　2人分

牛ロース肉（しゃぶしゃぶ用）… 120g
なす … 1本
八方だし（P94参照）… 180mℓ
ごまだれ（P70参照）… 大さじ2
〈水溶き片栗粉〉
| 片栗粉、水 … 各小さじ½
揚げ油 … 適量
白髪ねぎ … 適量
木の芽 … 適宜

作り方

1. 鍋に八方だしを入れて沸騰させ、牛肉を入れてしゃぶしゃぶにして取り出し、器に盛る。
2. なすはへたを取って縦半分に切り、皮に切り目を入れて素揚げにする。冷ましてから1の器に盛る。
3. 1の鍋のアクを取り、ごまだれを加えて火にかけ、沸騰したら水溶き片栗粉を加えてとろみをつける。
4. 2に3をかけて白髪ねぎをのせ、あれば木の芽を添える。

梅だれを使って

梅とごまのコンビは絶妙！ きゅうりの代わりに好みの野菜の漬物でも

きゅうりの梅だれ

材料　2人分
きゅうりの浅漬け(市販) … 100g
梅だれ(P70参照) … 大さじ2
すり白ごま … 小さじ1

作り方
きゅうりは一口大の乱切りにしてボウルに入れ、梅だれとごまを加えてあえる。

梅だれが飲んだあとのおなかにやさしい
梅だれにゅうめん

材料　2人分
そうめん … 2束(100g)
あさつきの小口切り … 適量
みょうがの小口切り … 1個分
梅だれ(P70参照)
　　… 大さじ1 $\frac{1}{3}$
八方だし(P94参照) … 360mℓ

作り方
1. 鍋に八方だしを入れて温める。
2. 別の鍋に湯を沸かしてそうめんを表示通りにゆで、ざるに上げる。
3. 器に2を入れて熱々の1を注ぎ、あさつき、みょうが、梅だれをのせる。

MEMO
汁のベースは八方だしだけ。これさえあればめんつゆなんて必要ない。しかも上品な味に仕上がる。そこに梅だれをプラスすればぐっと味が引き締まって絶品の汁めんが誕生します。

タルタルソースを使って

ディルとケーパーが味のアクセント
鮭フライ

材料　2人分

鮭(切り身) … 2切れ
　塩、こしょう … 各少々
A ┃ ディルのみじん切り … 3枝分
　┃ ケーパーのみじん切り
　┃ 　… 小さじ1/4
　┃ タルタルソース(P71参照)
　┃ 　… 大さじ3
薄力粉、溶き卵、パン粉 … 各適量
揚げ油 … 適量
ディル、レモンのくし形切り
　… 各適宜

作り方

1　鮭に塩、こしょうをふってラップで包み、10分ほどおく。薄力粉、溶き卵、パン粉の順に衣をつけて、170℃の揚げ油できつね色になるまで揚げる。
2　Aは混ぜ合わせる。
3　器に1と2を盛り、好みでディルとレモンを添える。

わさびが味をきゅっと引き締めるソテー。冷凍の帆立てでも

帆立てのソテー

材料　2人分

帆立て貝柱（刺身用）… 6個
　塩、こしょう … 各少々
薄力粉 … 適量
タルタルソース（P71参照）
　　… 大さじ2
カッテージチーズ … 大さじ1
オリーブ油 … 大さじ1
ディル、レモンのくし形切り、
　練りわさび … 各適量

作り方

1. 帆立てに塩、こしょうをふり、薄力粉をまぶす。フライパンにオリーブ油を熱して帆立てを入れ、20～30秒焼く。裏返して同様に焼き、ペーパータオルにのせて油をきる。
2. タルタルソースとカッテージチーズは混ぜ合わせる。
3. 器に1を盛って2とディルをのせ、レモン、わさびを添える。

玉ねぎソースを使って

肉の焼き加減は好みで。残ったソースはフライドポテトにつけても
ステーキ

材料　2人分
牛肉(ステーキ用) … 2枚(240g)
　塩、黒こしょう … 各少々
サラダ油 … 大さじ3
〈たれ〉
　玉ねぎソース(P71参照)
　　… 大さじ2
　かえし(P95参照) … 大さじ2
あさつきの小口切り、練りわさび
　　… 各適量

作り方
1　牛肉は塩、黒こしょうをふる。
　＊ 時間があれば、塩、こしょうをしてからドリップシートにのせ、室温に30分ほどおいてから焼くといっそうおいしくなる。
2　フライパンにサラダ油を熱し、1を入れて中火で両面を1分ずつ焼き、弱火にして肉の位置をずらしながら、表面にほんのり焼き色がつくまで焼く。ペーパータオルにのせて5分ほど休ませ、器に盛る。
3　たれの材料を混ぜ合わせ、2にかける。あさつきを散らし、わさびを添える。

しょうが焼きはマヨネーズと相性抜群！ ご飯でもおつまみでもイケる
ポークジンジャー風

材料　2人分

豚肩ロース肉（薄切り）… 150g
玉ねぎ … 1/4個
キャベツのせん切り … 2枚分
A ┃ 玉ねぎソース（P71参照）… 60g
　 ┃ かえし（P95参照）… 大さじ1
　 ┃ おろししょうが
　 ┃ 　　… 小さじ1
　 ┃ みりん、酒 … 各大さじ1
サラダ油 … 大さじ2
塩、こしょう … 各少々
黒こしょう、マヨネーズ … 各適量

作り方

1. 玉ねぎは繊維に沿って2～3mm幅の薄切りにする。Aは混ぜ合わせる。
2. フライパンにサラダ油を熱し、豚肉を入れて塩、こしょうをし、1の玉ねぎを加えて炒める。玉ねぎがしんなりしたら、Aを回し入れて全体にからめる。
3. 器に盛って黒こしょうをふり、キャベツ、マヨネーズを添える。

かにみそドレッシングを使って

アボカドがドレッシングにプラスされておいしさ倍増
葉物サラダ

材料　2人分
レタス … 1/2個
ベビーリーフ … 1袋
アボカド … 1/2個
かにみそドレッシング(P71参照)
　… 大さじ5
クルトン(市販) … 10g
粗びき黒こしょう … 適量

作り方
1. レタスは芯を取って洗い、一口大にちぎる。ボウルに冷水を入れてベビーリーフとともに入れ、10分ほどさらす。ざるに上げて水けをきり、ペーパータオルで水けをふき取って器に盛る。
2. アボカドはスプーンで身を取り出し、1にのせる。かにみそドレッシングをかけてクルトンをのせ、黒こしょうをふる。アボカドをフォークでつぶしながら食べる。

ドレッシングとチーズの組み合わせが絶妙！

蒸しじゃが

材料　2人分

じゃがいも（メークイン）
　　… 2個（120g）
A ┃ かにみそドレッシング（P71参照）
　┃ 　　… 大さじ3
　┃ マスカルポーネ … 100g
あさつきの小口切り … 適量

作り方

1　じゃがいもはたわしでよく洗って表面の泥を落とす。蒸気の上がった蒸し器に入れ、10〜15分蒸す。
　＊ 電子レンジを使う場合はラップで1個ずつ包み、電子レンジで4分、上下を返して3〜4分、竹串がすっと通るまで加熱する。

2　竹串がすっと通ったら、熱いうちに皮をむいて半分に切る。器に盛り、Aを混ぜ合わせてかけ、あさつきを散らす。

鼓 MEMO

僕はじゃがいもは蒸すほうが素材の味を生かすと思う。バターじゃなくてマスカルポーネを合わせるのが僕のやり方。

梅ドレッシングを使って

香味野菜が食欲をそそる一品。疲れた胃にやさしいレシピ
大根サラダ

材料　2人分
大根 … 100g(正味)
みょうが … 1個
青じそ … 5枚
梅ドレッシング(P71参照)
　　… 大さじ2
すり白ごま … 適量

作り方
1. 大根は皮をむいてピーラーで削り、冷水にさらす。ざるに上げて水けをきり、ペーパータオルで水けをしっかりふき取る。
2. みょうがは縦4等分に切って刻み、冷水にさらして水けをきる。青じそはせん切りにし、冷水にさらして水けをきる。
3. 器に1を盛って梅ドレッシングをかけ、2をのせてごまをふる。

鼓 MEMO
切り方を変えただけで大根が主役、香味野菜が脇役になって、大根のおいしさを後押しする。

鯛のほか、すずきやひらめなどの白身魚ならなんでもOK！

白身魚のカルパッチョ

材料　2人分

- 鯛（刺身用さく）… 110g
- 塩、こしょう … 各少々
- 三つ葉 … 1/2袋
- ルッコラ … 1袋
- 梅ドレッシング（P71参照）
  … 大さじ2
- 調味梅漬け（市販のカリカリ梅）
  … 1個
- 塩昆布（細切り）… 2g
- すり白ごま … 適量

作り方

1. 鯛は塩、こしょうをしてラップで包み、約1時間おく。ラップをはずして薄切りにし、器に1枚ずつ並べる。
   * 器はあらかじめ冷蔵庫で冷やしておく。
2. 三つ葉は1cm長さに切り、ルッコラはざく切りにして合わせ、**1**にのせる。
3. 梅ドレッシングを回しかけ、みじん切りにした梅漬けと塩昆布を散らし、ごまをふる。

締めには
やっぱりご飯物

締めにはやっぱりご飯物の炭水化物系が一番。超簡単な焼きおにぎりや卵かけご飯から、ひと手間かけた土鍋ご飯まで、魅力たっぷりのレシピが続々登場。もちろん締めだけでなく、普段のごはんや夜食にしてもOK。やみつきになること請け合いです。

ザ・締めの定番。これを食べたらほかの焼きおにぎりは食べられない！
焼きおにぎり

材料　2個分
ご飯 … 茶碗2杯分
かえし(P95参照) … 大さじ2
粉かつお … 大さじ2

作り方
1. ボウルに材料をすべて入れてよく混ぜ、三角に握る。
2. フッ素樹脂加工のフライパンに**1**を入れ、こんがりと焼き色がつくまで、両面を焼く。

MEMO
粉かつおがかえしのうまみの引き出し役。トースターで焼いてもOKだけれど、カリッと焼くならフライパンのほうがおすすめ。

かえしのうまみが直球。卵とかえしを先に混ぜてからご飯にかけても

卵かけご飯

材料　2人分
卵 … 2個
ご飯 … 茶碗2杯分
かえし（P95参照）… 大さじ2

作り方
器にご飯を盛り、卵を割り入れてかえしをかけ、混ぜて食べる。

鼓MEMO

日本人ならだれでも一度は食べたことがあるこのご飯。もちろん、味つけはしょうゆ。だけど僕の場合はかえしを使う。卵とご飯をつないであっという間に平らげてしまう極上の卵かけご飯に格上げ！

残りご飯で簡単に作る洋風おじや

深川リゾット風

材料　2人分
ご飯 … 200g
A ┃ おろししょうが
　　　　… 1/2かけ分
　　　長ねぎのみじん切り
　　　　… 1/3本分
　　　あさりの水煮(缶詰)
　　　　… 1缶(130g)
　　　油揚げ … 1/2枚
八方だし(P94参照) … 180mℓ
オリーブ油 … 大さじ1
粉山椒 … 適量

作り方
1. ご飯はざるに入れて水洗いする。油揚げはざるにのせ、熱湯をかけて油抜きし、1cm角に切る。
2. 鍋に八方だしとご飯を入れて中火にかけ、一煮立ちしたらAを加える。水分がなくなってきたら火から下ろす。
3. 器に盛り、オリーブ油を回しかけて粉山椒をふる。

納豆はネバネバを取り除くのがポイント

納豆チャーハン

材料　2人分
納豆 … 2パック
ご飯 … 茶碗2杯分
卵 … 2個
長ねぎのみじん切り … 2/3本分
かえし(P95参照) … 大さじ3
塩、こしょう … 各適量
サラダ油 … 大さじ2

作り方
1. 納豆はざるに入れて水で洗い、ぬめりを取って水けをよくきる。卵は溶きほぐす。
2. フライパンにサラダ油を熱し、溶き卵を入れてざっと炒め、ご飯を加えて混ぜながらさらに炒める。ご飯がパラパラになったら納豆を加えて塩、こしょうで調味し、長ねぎを加えてかえしを回しかけ、全体を混ぜ合わせて香りを出す。

鼓 MEMO
うまさの秘密は納豆のネバネバを取ることとかえしを使うこと。ご飯が一粒一粒立って、深みのある味に。

親しみやすい料理の定番。特製だれを使えば深い味わいに

親子丼

材料　2人分

鶏もも肉(こま切れ) … 250g
ご飯 … 茶碗2杯分
溶き卵 … 2個分
A | かえし(P95参照) … 60mℓ
　| 水 … 120g
　| 砂糖 … 小さじ1
長ねぎ … 1/3本
三つ葉 … 4〜5本

作り方

1　長ねぎは斜め切りに、三つ葉は1cm長さに切る。
2　鍋に鶏肉とAを入れて火にかけ、沸騰したら長ねぎを加える。
3　鶏肉に火が通るまで煮たら、溶き卵を回し入れて火を止め、三つ葉を散らし、ふたをして1分ほど蒸らす。
4　器にご飯を盛り、3をかける。

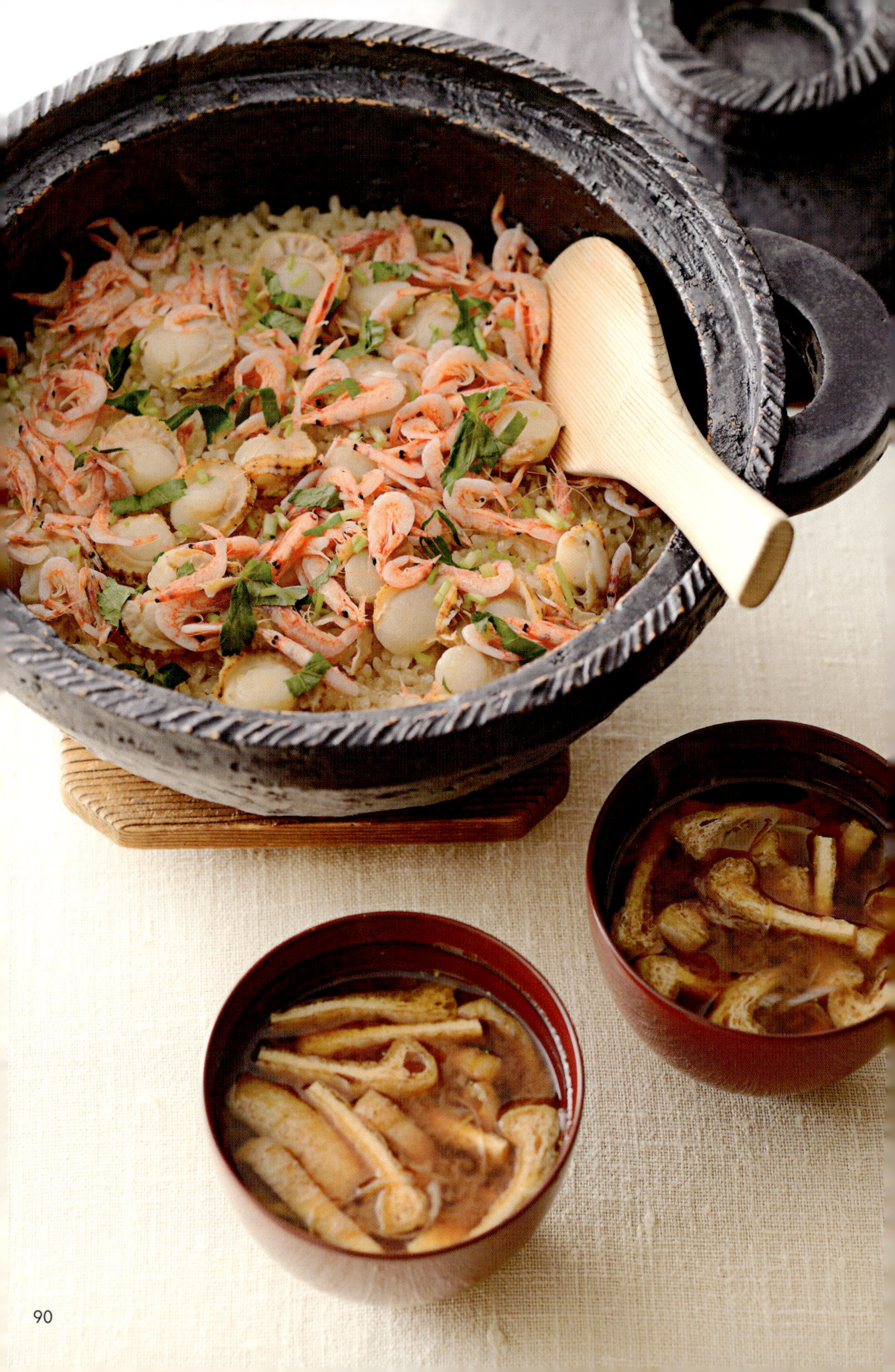

身近な食材で華やかなご飯に。桜えびは乾燥したものでもOK

土鍋ご飯

材料　2合分

米 … 2合
ベビー帆立て(ボイル済みのもの)
　　… 80g
桜えび(釜上げ) … 35g
八方だし(P94参照) … 320ml
三つ葉 … 3本
粉山椒 … 適宜

作り方

1. 米はといで、米粒が白くなるまで約1時間水につけてからざるに上げる。
2. 土鍋に**1**と八方だしを入れてふたをし、強めの中火で湯気が出てくるまで7〜8分、弱火にして8分炊き、帆立てと桜えびを全体に散らして火を止める。ふたをして5〜10分蒸らす。
3. 三つ葉を刻んで散らし、器に盛って好みで粉山椒をふる。

MEMO
ご飯を蒸らす間に、帆立てと桜えびのうまみがご飯の中にしみ込んでいく……。そんなことをイメージしながら、ふたをあけるまでじっと待ちましょう。

粉山椒が味のアクセント。だしのうまみを吸った油揚げが絶品です

赤だし

材料　2人分

だし(P93参照) … 270ml
赤みそ … 20g
油揚げ … 1/2枚
長ねぎ … 適量
粉山椒 … 適量

作り方

1. 油揚げはざるにのせ、熱湯をかけて油抜きし、短冊切りにする。長ねぎは小口切りにする。
2. 鍋にだしを入れて火にかけ、沸騰したら**1**の油揚げと赤みそを加えて溶かし、長ねぎを加えてさっと煮る。
3. 器に盛り、粉山椒をふる。

基本のだしのとり方

本書で味の決め手になるのが「だし」「八方だし」「かえし」の3つ。
ここでしっかりマスターしておきましょう。
これらを料理に合わせて使い分けると、
ほかの調味料を最小限にできます。
しかもうまみがたっぷり含まれているので、
おいしさの底力になること間違いなし。
作ったら3日を限度に、なるべく早く使いきるようにしてください。

だし

味がついていないので、すべての料理のベースに

塩やしょうゆなどの調味料を加えると自分流の味つけが自在にできます。

材料　作りやすい分量

水 … 2ℓ
削り節 … 60g
早煮昆布 … 30g
＊ ここでは日高昆布を使用。

作り方

1. 昆布は水で汚れをさっと洗い流し、鍋に材料をすべて入れて火にかける。 
2. 沸騰したら弱火にして10〜15分煮出す。 
3. ざるにペーパータオルを敷いて2をこす。 
4. 昆布を取り除いて冷まし、ペーパータオルに残った削り節をしっかり絞る。

八方だし（かけだし）

だしにうまみと甘み、塩分をプラス

お浸しのベースやそうめんのつゆ、
炊き込みご飯のときに水の代わりに使うなど、いろいろ活用できます。

材料　作りやすい分量

だし … 360mℓ
みりん … 大さじ3
砂糖 … 小さじ1
薄口しょうゆ
　… 大さじ2

作り方

1 鍋にだしとみりんを入れる。

2 砂糖を加えて火にかける。

3 沸騰してみりんのアルコール分がとんだら、しょうゆを加えて一煮立ちさせ、冷ます。

かえし

濃い味で、めんつゆのようなもの

水やだしで希釈して使うとおいしい。
めんつゆはもちろん、
煮物や炒め物などの調味料として。

材料　作りやすい分量

A
- 水 … 360mℓ
- みりん … 180mℓ
- ざらめ … 40g
- 早煮昆布 … 5g

しょうゆ … 360mℓ
削り節 … 40g

作り方

1 鍋にAを入れて中火にかける。

2 沸騰したら弱火にして5分ほど煮出す。途中でアクが出たら取る。

3 しょうゆを加えてさらに3分ほど煮る。途中でアクが出たら取る。

4 削り節を加えて火を止め、冷ます。

5 ざるにペーパータオルを敷いて4をこす。

6 昆布を取り除いて冷まし、ペーパータオルに残った削り節をしっかり絞る。

浅倉鼓太郎（あさくら・こたろう）

「器楽亭」店主。1981年、東京都生まれ。1999年、多摩調理師専門学校（現・東京多摩調理製菓専門学校）卒業後、多国籍料理店に就職。その後、居酒屋の店長となり数多くのお客様と出会って、おいしいものを作ると喜んでもらえることを実感し、料理にのめり込む。妻の出身地である石川県を訪れた際、新鮮な食材と地元の店で食べた料理に感動し、日本料理に興味を持つ。以来、有名日本料理店を食べ歩いて研究し、2007年、東京・久我山に居酒屋「器楽亭」を開店。とことん味にこだわった独自の調理法で多くの客の舌をうならせる。2008年、初めて食通の雑誌に紹介され、一躍注目を浴びる。今では海外から訪れる客も多く、予約が取りにくい店に。テレビや雑誌などでも活躍中。

ブックデザイン	小橋太郎(Yep)
撮影	青砥茂樹(本社写真部)
スタイリング	池水陽子
調理アシスタント	藤岡誠治(器楽亭)
編集	小橋美津子(Yep)

「器楽亭」

東京都杉並区久我山5-7-9　久我山ハウジング103
電話　03-3332-2919
営業時間　18：00～23：00(LO)
定休日　水曜日（夏期、冬期に休みあり）

講談社のお料理BOOK
ツウが通いつめる居酒屋 器楽亭の絶品おつまみ

2015年9月17日　第1刷発行

著　者　浅倉鼓太郎
発行者　鈴木　哲
発行所　株式会社　講談社
　　　　〒112-8001　東京都文京区音羽2-12-21
　　　　編集／☎03-5395-3527
　　　　販売／☎03-5395-3606
　　　　業務／☎03-5395-3615
印刷所　大日本印刷株式会社
製本所　株式会社国宝社

落丁本・乱丁本は、購入書店名を明記のうえ、小社業務あてにお送りください。送料小社負担にてお取り替えいたします。なお、この本についてのお問い合わせは、生活実用出版部　第一あてにお願いいたします。本書のコピー、スキャン、デジタル化等の無断複製は著作権法上での例外を除き禁じられています。本書を代行業者等の第三者に依頼してスキャンやデジタル化することは、たとえ個人や家庭内の利用でも著作権法違反です。定価はカバーに表示してあります。

ISBN978-4-06-299648-8
©Kotaro Asakura 2015, Printed in Japan